ISBN 9788411744164 © Eve Stars, 2023

Impresión y editorial: BoD – Books on Demand
info@bod.com.es – www.bod.com.es
Impreso en Alemania – Printed in Germany

Este libro pertenece a este extraordinario, equilibrado y maravilloso Libra:

Libra

22 DE SEPTIEMBRE – 21 DE OCTUBRE

TIENES UNA PERSONALIDAD
ENCANTADORA Y SOCIABLE.
MUY AMIGO DE LAS FIESTAS Y LA
VIDA NOCTURNA. ERES MUUUUY
EQUILIBRADO, DE AHÍ LA BALANZA Y
TE ADAPTAS BIEN A TODO LO QUE
LA VIDA TE OFRECE

DIPLOMÁTICO

ROMÁNTICO

REFLEXIVO

OPTIMISTA

ELEGANTE

ATRACTIVO

ERES UN SIGNO DE AIRE,
CIVILIZADO, AMABLE Y...

AMANTE DEL PLACER.

ERES EL
MÁS ATRACTIVO DEL
ZODÍACO (Y LO SABES)

TU EMPLAZAMIENTO NATURAL
ES LA SÉPTIMA CASA, LA CASA DE
LAS RELACIONES HUMANAS.

✸

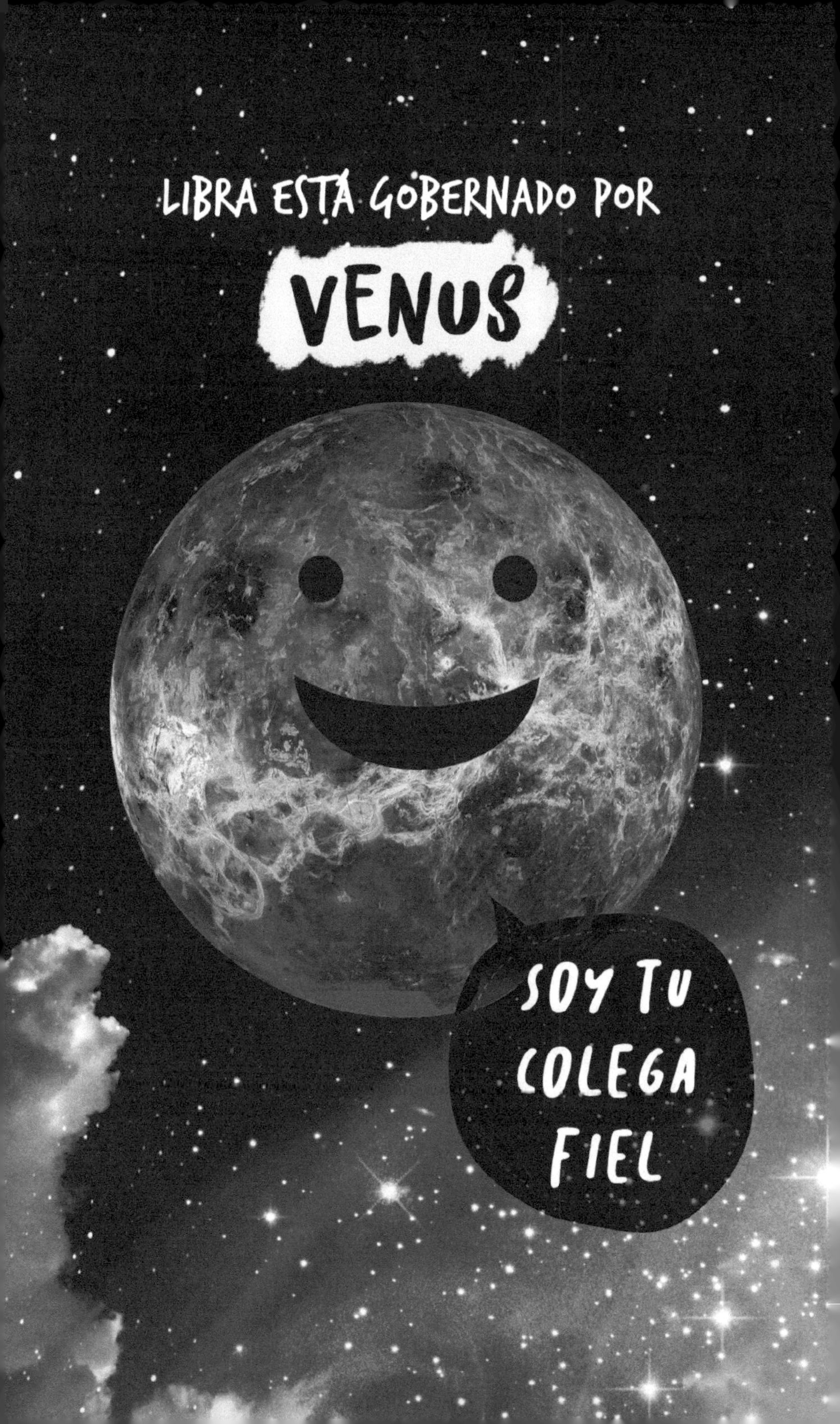
LIBRA ESTÁ GOBERNADO POR
VENUS
SOY TU COLEGA FIEL

Elementos para Libra

COLORES: AZUL, ROSA Y VERDE CLARO.

VÍSTETE CON ESTOS COLORES CUANDO QUIERAS LIGAR Y SERÁS IRRESISTIBLE (SI ES POSIBLE SERLO AÚN MÁS)

PIEDRAS: ZAFIRO, DIAMANTE Y JADE.

CUANDO TROPIECES DOS VECES, COMO SUELES HACER, QUE SEA AL MENOS CON ALGUNA DE ESTAS PIEDRAS

ÁRBOLES: ACER, CIRULO Y LABURNUM.

ABRÁZATE A ESTOS ÁRBOLES CUANDO ESTÉS DE BAJONA

DÍA Y ESTACIÓN: VIERNES Y OTOÑO.

LO DEL VIERNES NO TE HA SORPRENDIDO, ¿VERDAD?

Hablemos claro, Libra

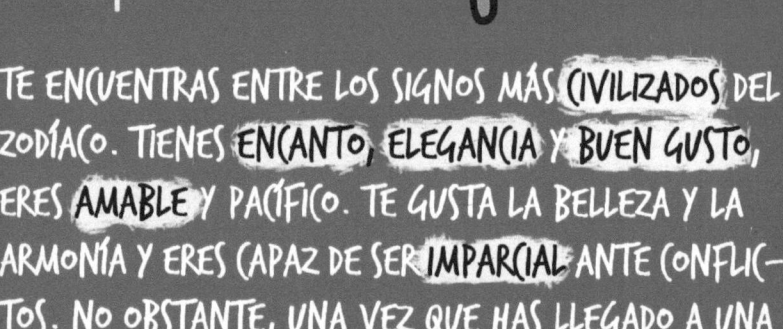

TE ENCUENTRAS ENTRE LOS SIGNOS MÁS CIVILIZADOS DEL ZODÍACO. TIENES ENCANTO, ELEGANCIA Y BUEN GUSTO, ERES AMABLE Y PACÍFICO. TE GUSTA LA BELLEZA Y LA ARMONÍA Y ERES CAPAZ DE SER IMPARCIAL ANTE CONFLICTOS. NO OBSTANTE, UNA VEZ QUE HAS LLEGADO A UNA OPINIÓN SOBRE ALGO, NO TE GUSTA QUE TE CONTRADIGAN. TE GUSTA CONTAR CON EL APOYO DE LOS DEMÁS.

TIENDES A SER SENSIBLE A LAS NECESIDADES DE LOS DEMÁS Y SUELES SER MUY SOCIABLE.
NO TE GUSTA EL CONFLICTO Y LA CRUELDAD Y ERES MUY DIPLOMÁTICO ANTE LAS DISCUSIONES. SUELES BUSCAR EL CONSENSO ANTE UNA SITUACIÓN CONFLICTIVA.

SABES VALORAR LOS ESFUERZOS DE LOS DEMÁS Y TE GUSTA VIVIR Y TRABAJAR EN EQUIPO.

GENERALMENTE, ERES COQUETO Y TE PREOCUPA MUCHO TU IMAGEN FÍSICA.

TU LADO NEGATIVO ES QUE PUEDES SER FRÍVOLO Y ES FÁCIL QUE CAMBIES DE OPINIÓN O DE LEALTADES.

NO TE GUSTA LA RUTINA Y MUCHAS VECES TE FALTA LA CAPACIDAD DE ENFRENTARTE A LOS DEMÁS.

TE ENCANTA EL PLACER, Y ESTO TE PUEDE LLEVAR A COMETER CIERTOS EXCESOS EN TU VIDA.

ERES MUY CURIOSO, LO QUE PUEDE SER UN VIRTUD SI LO INVIERTES EN DESCUBRIR NUEVAS COSAS, PERO TAMBIÉN UN DEFECTO SI TE LLEVA A METERTE DEMASIADO EN LA VIDA O LOS ASUNTOS DE LOS DEMÁS

TODO TALENTO DE LIBRA LLEVA INHERENTE UNA CARENCIA O DETRIMENTO. POR EJEMPLO, EL QUERER SER TAN EQUILIBRADO TE PUEDE HACER INDECISO, PORQUE DECIDIR ES DEFINIRSE Y ALEJARSE DEL OTRO LADO. LIBRA QUIERE LOS 2 LADOS, ¡PUES MENUDO ERES TÚ!

Amuletos para Libra

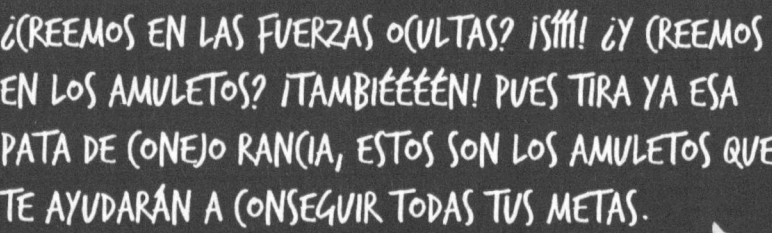

¿CREEMOS EN LAS FUERZAS OCULTAS? ¡Sííí! ¿Y CREEMOS EN LOS AMULETOS? ¡TAMBIÉÉÉÉN! PUES TIRA YA ESA PATA DE CONEJO RANCIA, ESTOS SON LOS AMULETOS QUE TE AYUDARÁN A CONSEGUIR TODAS TUS METAS.

LOS AMULETOS MÁS PODEROSOS PARA LOS LIBRA Y SU MAYOR OBJETO DE PODER ES, SIN DUDA, LA BALANZA. DEBES HACER DE ESTE OBJETO TU SÍMBOLO, Y LLENAR TU VIDA DE ÉL. COLECCIÓNALA EN TODOS LOS TAMAÑOS Y PRESENTACIONES, DE TODAS LAS ÉPOCAS: TE SERÁ UN RECORDATORIO DE LA QUE DEBE SER LA MISIÓN DE TU VIDA: LA RECUPERACIÓN DEL EQUILIBRIO, DE LA ARMONÍA... Y TAMBIÉN LA BALANZA SERÁ UN AMULETO QUE TE CUIDE CONTRA ENERGÍAS NEGATIVAS Y AQUELLOS ENVIDIOSOS DE TU ENCANTO Y TU DON NATURAL PARA LA SERENIDAD.

COLOR VERDE. EL VERDE (SIEMPRE RELACIONADO CON LA NATURALEZA Y SUS CICLOS, CON SU RENOVACIÓN Y SU CONTINUIDAD) ES EL COLOR QUE MEJOR TE SIENTA Y EL COLOR QUE MÁS TE CONVIENE USAR PARA ATRAER LA FORTUNA Y EL EQUILIBRIO. ÚSALO EN TU ROPA Y PAREDES, EN TUS PERTENENCIAS Y PROCURA DAR A TU HOGAR EL TOQUE VERDE DE LAS PLANTAS VIVAS.

BRONCE. EL NOBLE METAL QUE HACE TAÑIR A LAS CAMPANAS Y SOPORTA LAS ALTAS TEMPERATURA REFLEJA TUS MAYORES VIRTUDES: LA CAPACIDAD DE GENERAR ARMONÍA A TU ALREDEDOR Y TU FORTALEZA ANTE LOS CAMBIOS Y LA RESISTENCIA. LLEVA CONTIGO UNA MEDALLA O UN COLGANTE HECHO DE ESTE METAL Y LA NEGATIVIDAD QUE TE AGOBIA SE VERÁ NEUTRALIZADA.

JADE. LA MEJOR JOYA DE LA QUE UN LIBRA PUEDE DISPONER PARA MEJORAR SU FORTUNA Y SU EQUILIBRIO. ES UNA ROCA A LA QUE SIEMPRE SE LE HAN DADO PODERES ESPECIALES, POR ESE DESTELLO SUYO QUE ES COMO UN FUEGO VERDE, UNA LUZ VIVA. MUCHAS CULTURAS LE DAN PROPIEDADES CURATIVAS, Y ESE ES PRECISAMENTE EL EFECTO QUE TENDRÁ SOBRE TI.

CICLAMEN. PARA LOS NATIVOS DEL SIGNO DE LIBRA, LA FLOR QUE REFLEJA MEJOR SUS BÚSQUEDAS Y NECESIDADES ES LA GRIEGA CICLAMEN, CUYO CARNOSO PÉTALO CIRCULAR ES UNA METÁFORA SOBRE CÓMO VE AL MUNDO UN LIBRA: COMO UN CÍRCULO QUE TIENE NECESIDAD DE SER CERRADO, PLENO DE CICLOS QUE SE CUMPLEN PARA VOLVER A COMENZAR. EL AMOR, LA ALEGRÍA, LA ESPERANZA, EL ÉXITO: ESOS SON LOS CÍRCULOS QUE TE IMPORTAN Y QUE MEJORARÁN SI PONES EN TU CASA UNA MACETA CON ESTA BELLA FLOR DE SOMBRA.

 AMULETO DOMÉSTICO PARA LIBRA

EL SÁNDALO, CON SU TRADICIÓN CURATIVA, ES LA MEJOR HIERBA PARA HACER UN AMULETO CASERO Y AROMÁTICO PARA UN LIBRA.
EN UN SACO DE COLOR VERDE COLOCA LAS HOJAS Y AÑADE UNOS TOQUES DE HIERBABUENA. AMÁRRALO CON UNA CINTA BLANCA Y CONSÁGRALO DEJÁNDOLO A LA INTEMPERIE DURANTE UNA NOCHE DE LUNA LLENA. SERÁ UN AMULETO SANADOR Y PROTECTOR QUE DEBES LLEVAR CONTIGO A TODAS PARTES.

Tus miedos

¿Y A QUÉ LE TIENE MIEDO EL INCREÍBLE LIBRA?
ESTÁS ENGANCHADO A UNA DE LAS CONDICIONES MÁS
PRECARIAS DE LA EXISTENCIA: EL EQUILIBRIO. NO ES
FÁCIL SER EL ENCARGADO DE DEVOLVER EL BALANCE A
LAS PERSONAS Y A LA VIDA, A LAS SITUACIONES Y LOS
SENTIMIENTOS.

ERES, POR REGLA GENERAL, UNA PERSONA METÓDICA,
CON LA AGENDA AL DÍA Y EL INBOX LIMPIO. NO DEJAS
UNA LLAMADA SIN RESPONDER NI UN ASUNTO PEN-
DIENTE. PAGAS TUS DEUDAS CON PUNTUALIDAD Y EN EL
DÍA DE LOS CUMPLEAÑOS ERES EL PRIMERO EN LLAMAR Y
REGALAR LO QUE REALMENTE DESEAN TUS AMIGOS.

ELLO SE DEBE A QUE AMAS EL ORDEN DE TODAS LAS
COSAS... Y TEMES A MUERTE A SU OPUESTO: EL CAOS.
AQUELLO QUE SALE DE TU CONTROL, QUE SE MUEVE POR
VOLUNTAD PROPIA Y TE ATACA, ENCARNA TU MAYOR
MIEDO.

EL AZAR, LAS COINCIDENCIAS DESAFORTUNADAS, LOS PLANES FRUSTRADOS SON, PARA TI, MAREAS QUE TE ARRASTRAN A ZONAS DESCONOCIDAS, LLENAS DE INCERTIDUMBRE Y DE PÉRDIDA.

EL CAOS ES UN MONSTRUO INFORME Y SIN LÍMITES QUE, DE SURGIR, AMENAZA LA CUIDADOSA EXISTENCIA QUE HAS CREADO POCO A POCO, LABRANDO CON ESFUERZO Y DEDICACIÓN. POR MÍNIMA QUE SEA LA ALTERACIÓN DE TU VIDA Y LOS REVESES DE TU FORTUNA, PARA UN LIBRA EL DESORDEN ES EL DESATAMIENTO DE LA ENTROPÍA, DEL DESGASTE QUE TODO LO CONSUME, Y DEL QUE SIENTES QUE NO HAY RETORNO POSIBLE.

¡VADE RETRO, MALDITO CAOS!

¿CÓMO PUEDES VENCER TUS MIEDOS?

HAY UN VIEJO REFRÁN QUE DICE QUE QUIEN MUCHO ABARCA, POCO APRIETA, Y ESO VALE PARA TI. SENTIR QUE HACEMOS UN TRABAJO NO QUIERE DECIR QUE REALMENTE LO ESTEMOS LLEVANDO A CABO, O QUE CONSEGUIREMOS LOS RESULTADOS ESPERADOS.

NO SE PUEDE CONTROLAR TODO, TODO EL TIEMPO, NI TAMPOCO LA CONDICIÓN DEL UNIVERSO ES EL EQUILIBRIO: SÓLO ES UN ESTADO DEL FLUIR DE LA EXISTENCIA. EL CAMBIO REQUIERE DEL CAOS Y DEL EQUILIBRIO PARA QUE FINALMENTE OCURRA. AMBOS SON ETAPAS NECESARIAS.

APRENDE A RECONOCER TUS LÍMITES: TU INFLUENCIA Y TU CONTROL TIENEN UN ALCANCE. Y ESTÁ BIEN QUE ASÍ SEA: LA VIDA TAMBIÉN NOS DEMANDA, EN OCASIONES, QUE NOS DEJEMOS LLEVAR POR UNA CORRIENTE CON DESTINO INCIERTO.

Hay que vivir de vez en cuando con los ojos cerrados

Hablemos de lo que importa: el AMOR

NECESITAS EL ESTÍMULO INTELECTUAL, EL RAZONAMIENTO Y LA CONVERSACIÓN.

TU GUSTO POR LA ESTÉTICA Y LA ÉTICA TE LLEVA, MUCHAS VECES, A BUSCAR UNA PERFECCIÓN QUE NO ENCUENTRAS. DE AHÍ ARRANCA LA INDECISIÓN PROPIA DE ALGUNOS LIBRA.

TU ROMANTICISMO ES BASTANTE PERFECCIONISTA, PORQUE NO SÓLO ANHELAS LAS ADECUADAS PROPORCIONES ESTÉTICAS (QUE ESTÉ CAÑÓN), SINO TAMBIÉN LAS MORALES, FUNDAMENTALMENTE LAS INTELECTUALES Y ESPIRITUALES DE LA OTRA PERSONA. SI EN ESTOS ASPECTOS NO HAY ACOPLAMIENTO, TU RELACIÓN SE IRÁ MARCHITANDO Y NO TARDARÁS EN DESPLEGAR TUS AIRES DE SEDUCCIÓN SOBRE OTRAS PERSONAS Y OBJETIVOS.

SABES VER LAS NECESIDADES DE LA RELACIÓN, DE TU PAREJA, FAMILIA, ETC. ESTO TE DA UNA GRAN VENTAJA A LA HORA DE LLEVARTE BIEN CON TODOS Y DE PODER ANTICIPARTE A LAS NECESIDADES DE TUS PAREJAS. ESTO, JUNTO AL HECHO DE QUE ERES UNA PERSONA DE LO MÁS DETALLISTA Y LEAL HACE QUE TUS RELACIONES SEAN BASTANTE ESTABLES.

LOS CELOS SON ALGO QUE NO TE GUSTA PARA NADA PERO TAMBIÉN SABES VER EL POR QUÉ DE LAS COSAS Y ENTENDER LAS SITUACIONES.
ERES MUY LEAL Y CUANDO EMPIEZAS UNA RELACIÓN, LO HACES CON LA IDEA DE QUE SEA PARA TODA LA VIDA, LLENA DE AMOR, CARIÑO Y COMPRENSIÓN, POR LO QUE NO CONTEMPLAS EL IRTE CON OTRA PERSONA A LA PRIMERA DE CAMBIO.

LA FAMILIA ES MUY IMPORTANTE PARA TI, COMO LO ES EL HOGAR. ES POR ELLO QUE SIEMPRE SERÁS UN GRAN DEFENSOR DE LO QUE TIENES EN CASA Y DE LOS TUYOS. SABES VER LAS COSAS Y HABLARÁS ABIERTAMENTE CON LOS TUYOS PARA TRATAR DE HACERLES VER UN POSIBLE ERROR COMETIDO. PERO, DE PUERTAS PARA FUERA, SIEMPRE ESTARÁS AL LADO DE LOS TUYOS.

CONSEJOS INFALIBLES PARA TU VIDA AMOROSA

FÍATE DE TU INSTINTO PARA NO CAER EN TU INTERMINABLE FASE DE INDECISIÓN Y ESTAR EMPLEANDO ETERNAMENTE TU BALANZA ANTE UNA PERSONA QUE ACABAS DE CONOCER, DÉJATE LLEVAR POR ESA PRIMERA SENSACIÓN DE FLECHAZO, ANTES DE QUE TUS DUDAS ENTREN EN JUEGO. NO ESCUCHES LAS OPINIONES AJENAS, ERES TÚ EL QUE SIENTE LO QUE SIENTE. ES RECOMENDABLE QUE TE FÍES DE TU PRIMERA SENSACIÓN Y APUESTES FUERTE POR ELLA.

MIRA EL INTERIOR DE LAS PERSONAS ES COMPRENSIBLE QUE LA GENTE TE ENTRE POR LOS OJOS PERO NO OLVIDES QUE SI NO HAY NADA DEBAJO NO LLEGARÉIS MUY LEJOS. CUANTO ANTES CONOZCAS INTERNAMENTE A ESA PERSONA, ANTES SABRÁS SI SERÁ TU NUEVO AMOR.

ERES MUY CONSIDERADO Y A VECES ANTEPONES LOS INTERESES DE LOS DEMÁS A LOS TUYOS, **PON EL FOCO EN TI** EN LO QUE TÚ NECESITAS Y BUSCAS, DA MÁS IMPORTANCIA A **TU BIENESTAR** Y **TU OPINIÓN** Y EL RESTO VENDRÁ RODADO.

COMPATIBILIDAD ENTRE SIGNOS

LIBRA Y LIBRA

CUANDO EL ESTILOSO LIBRA ENCUENTRA A OTRO LIBRA, LA ATRACCIÓN ES INMEDIATA. EL GUSTO ATRAE AL GUSTO. DISFRUTARÉIS DE UNA PAREJA COMPRENSIVA Y UN ROMANCE DE POR VIDA.

EN EL DORMITORIO SERÉIS APASIONADOS E INCLUSO UN POCO EXTRAVAGANTES.

DEBERÉIS DEJAROS SOLOS DE VEZ EN CUANDO. LOS DOS TENÉIS UN LADO PROFUNDO O ESCONDIDO, LLENO DE OSCURAS PREOCUPACIONES, QUE RARAMENTE REVELÁIS A OTRAS PERSONAS.

DESDE LO QUE LLEVÁIS PUESTO A CÓMO DECORÁIS LA CASA O LO QUE HACÉIS EN LOS NEGOCIOS, TODO ESTÁ EN EL ORDEN DEL DÍA PARA SU CONSIDERACIÓN.

CONSEJO PARA HACER QUE FUNCIONE (¡AÚN MEJOR!)

SÓLO DEBERÉIS ASEGURAROS DE QUE CONOCÉIS EL LADO OSCURO DE VUESTRA PAREJA. ADEMÁS, MIENTRAS ESTÁIS OCUPADOS CREANDO LA PAZ MUNDIAL ES IMPORTANTE CHEQUEAR QUE ALGUNO SE ACUERDA DE PAGAR LAS FACTURAS Y LLENAR LA NEVERA...

LIBRA Y ESCORPIO

RELACIÓN MUY EQUILIBRADA CON UNA COMPATIBILIDAD ALTÍSIMA. LIBRA REPRESENTA EL AMOR, LA SENSUALIDAD Y EL PLACER. ESCORPIO REPRESENTA LA ACCIÓN, LA ESTRATEGIA Y EL INGENIO.

GENERALMENTE LOS OPUESTOS SE ATRAEN Y EN ESTE CASO, ADEMÁS, SE COMPLEMENTAN. ESCORPIO AYUDA A TOMAR DECISIONES A LIBRA, QUE SE LO PIENSA TODO MUCHO Y LIBRA AYUDA A ESCORPIO A PROFUNDIZAR EN EL AMOR Y A DAR SENTIDO A SUS SENSACIONES Y EMOCIONES, PODRÁ VIVIR ESAS PASIONES PONIÉNDOLES NOMBRE.

LOS DOS OS SENTIRÉIS ATRAIDOS CON SOLO VEROS Y ENTRARÉIS EN UN JUEGO DE INSINUACIONES MUY SENSUAL.

ESCORPIO ES MUY CELOSO PERO CON LIBRA NO TENDRÁ PROBLEMAS, PORQUE ÉSTE, UNA VEZ TIENE PAREJA, NO COQUETEARÁ CON NADIE MÁS.

LAS IDEAS NO FALTARÁN ENTRE VOSOTROS Y OS PODÉIS CONVERTIR EN UNA PAREJA DE ÉXITO INCLUSO ECONÓMICO.

CONSEJO PARA HACER QUE FUNCIONE (¡AÚN MEJOR!)

DEBÉIS APRENDER A COMUNICAROS Y CONFIAR UNO EN EL OTRO, PARA FORMAR UN TÁNDEM PERFECTO.

LIBRA Y SAGITARIO

MUY BUENA COMBINACIÓN. EL OPTIMISMO DE SAGITARIO HACE QUE HAYA MUCHA DIVERSIÓN A SU ALREDEDOR. A SAGITARIO LE ENCANTA CUALQUIER FORMA NUEVA DE EXPRESIÓN SEXUAL QUE SUPONGA UN DESAFÍO. LIBRA ENTIENDE ESTO Y PUEDE CIERTAMENTE AÑADIR ALGUNAS IDEAS MUY CREATIVAS A LA RELACIÓN.

SAGITARIO SE SIENTE SÚPER ATRAÍDO POR LA POSTURA ELEGANTE, TRANQUILA Y ARTÍSTICA DE LIBRA Y, A SU VEZ, A LIBRA LE FASCINA EL DESEO DE AVENTURA DE SAGITARIO. LIBRA SERÁ UN GRAN AMIGO Y UN FABULOSO AMANTE. APENAS HABRÁ PROBLEMAS. LIBRA A VECES PUEDE SER DEMASIADO CONTROLADOR EMOCIONALMENTE, PARA EL GUSTO DE SAGITARIO PERO LOS DOS TENÉIS LA CAPACIDAD DE PERDONAR Y OLVIDAR.

LA RELACIÓN SERÁ MUY DINÁMICA.

CONSEJO PARA HACER QUE FUNCIONE (¡AÚN MEJOR!)

ESTA UNIÓN ES TAN COMPATIBLE QUE CUANDO SURJAN PROBLEMAS AMBOS DEBERÍAIS SENCILLAMENTE RECORDAR VUESTRA FABULOSA RELACIÓN Y DAROS MUTUAMENTE OTRA OPORTUNIDAD.

LIBRA Y CAPRICORNIO

NO ES LA COMBINACIÓN MÁS CÓMODA DEL COSMOS PERO ESO NO SIGNIFICA QUE NO PODÁIS APRENDER A ESTAR JUNTOS Y AMAROS MUCHO. DE HECHO, SI APRENDÉIS A APRECIAR Y RESPETAR LAS FORTALEZAS Y DEBILIDADES DEL OTRO, LOS DOS PODÉIS LLEGAR A SER MEJORES PERSONAS. SOLO HARÁ FALTA PACIENCIA Y COMPRENSIÓN.

AMBOS QUERÉIS MANDAR. ESTO PODRÍA SER UN DESASTRE, PORQUE LOS DOS TENÉIS IDEAS MUY DIFERENTES SOBRE CUÁL ES EL MEJOR MODO DE AVANZAR.

LIBRA PUEDE FRUSTRAR A CAPRICORNIO CON SU INDECISIÓN. A LIBRA LE PREOCUPAN UNA ETIQUETA SOCIAL APROPIADA Y UNA ACTITUD REFINADA. ESTO ENCAJA BIEN CON CAPRI-CORNIO, PROPENSO A MOSTRAR EL MAYOR DECORO. LIBRA ES EL SIGNO DEL EQUILIBRIO Y LA JUSTICIA, LO CUAL ENCAJA TAMBIÉN BASTANTE BIEN CON CAPRICORNIO. DE HECHO, HAY MUCHAS RAZONES PARA QUE ÉSTE DISFRUTE DE LA COMPAÑÍA DE UN AMANTE LIBRA.

CONSEJO PARA HACER QUE FUNCIONE

PARA QUE LA RELACIÓN FUNCIONE LOS DOS TENDRÉIS QUE CENTRAROS MÁS EN LO QUE SUCEDE DESPUÉS DE APAGAR LAS LUCES, CUANDO OS QUEDÁIS A SOLAS.

LIBRA Y ACUARIO

LA COMPATIBILIDAD ES EXCELENTE.

AMBOS SOIS MUY CARIÑOSOS Y SOCIABLES, OS ENCANTA CONVERSAR Y DISFRUTAR CON REUNIONES Y ACTOS SOCIALES, SOIS MUY EXTROVERTIDOS Y SOLÉIS TENER MUCHOS AMIGOS.

A LOS DOS OS GUSTA LA INDEPENDENCIA Y POR ESO NO SERÁ UN PROBLEMA DISFRUTAR DE CIERTA LIBERTAD DENTRO DE VUESTRA RELACIÓN.

LA DIFERENCIA ES QUE ACUARIO TIENDE A REPARTIR SU CARIÑO ENTRE MUCHAS PERSONAS Y CAUSAS, MIENTRAS QUE EL TIPO DE AMOR DE LIBRA ES MÁS PERSONAL.

PASARÉIS HORAS Y HORAS CONVERSANDO Y ENCONTRARÉIS MUCHOS PUNTOS EN COMÚN EN LA MÚSICA, EL ARTE, EL TEATRO Y LA CULTURA EN GENERAL.

LA ATRACCIÓN ENTRE VOSOTROS SUELE SER INSTANTÁNEA.

CONSEJO PARA HACER QUE FUNCIONE (¡AÚN MEJOR!)

LIBRA TIENDE A SER MÁS EXIGENTE EMOCIONALMENTE, LO QUE PODRÍA LLEGAR A ASFIXIAR A ACUARIO QUE TENDRÁ QUE APRENDER A SER MÁS ROMÁNTICO DE LO QUE ESTÁ ACOSTUMBRADO.

LIBRA Y PISCIS

ES UNA COMBINACIÓN INUSUAL PERO LA ATRACCIÓN ENTRE AMBOS PUEDE SER INTENSA: PISCIS TIENE UNA DELICADA BELLEZA O UN AIRE DE MISTERIO MUY APRECIADO POR LIBRA, QUE ENCUENTRA A PISCIS FASCINANTE.

LOS DOS TENÉIS UN LADO OSCURO, POR LO QUE OS ENCONTRÁIS CÓMODOS EN UN MUNDO PRIVADO. NO OBSTANTE, EN EL MUNDO EXTERIOR, LAS REGLAS PUEDEN CAMBIAR. EN DONDE A LIBRA LE GUSTA DEBATIR, DAR VUELTAS AL ASUNTO Y REFLEXIONAR, PISCIS MANTIENE SUS SECRETOS Y NECESIDAD DE SOLEDAD.

PISCIS PUEDE ENTENDER LOS ATAQUES DE INDECISIÓN DE LIBRA. ELLOS TAMBIÉN PADECEN MIEDOS E INDECISIÓN. PISCIS SIENTE COMPASIÓN POR EL ESTADO DEL MUNDO, POR LO QUE PODRÁ IDENTIFICARSE FÁCILMENTE CON LAS CAUSAS SOCIALES QUE IMPULSAN A LIBRA.

 CONSEJO PARA HACER QUE FUNCIONE

ESFORZAROS POR ENTENDER AL OTRO. LIBRA TENDRÁ QUE ENTRAR MÁS EN CONTACTO CON SUS EMOCIONES Y PISCIS QUE RESPETAR EL PUNTO DE VISTA LÓGICO QUE LIBRA TIENE DE LA VIDA.

LIBRA Y ARIES

SOIS SIGNOS OPUESTOS, LO CUAL PUEDE SER BUENO AL INICIO DE LA RELACIÓN POR LA ATRACCIÓN DE OPUESTOS. NO OBSTANTE, A MEDIDA QUE EL TIEMPO PASA, LA NOVEDAD DESAPARECE Y PUEDE QUE HAYA DEMASIADAS DIFERENCIAS PARA QUE LA RELACIÓN FUNCIONE A LARGO PLAZO, A MENOS QUE EXISTA UNA BASE MUY FUERTE DE AMOR Y DE BUENA VOLUNTAD POR PARTE DE AMBOS PARA ADAPTAR VUESTRAS FUERTES PERSONALIDADES.

SOIS MUY SOCIABLES, PERO TAMBIÉN DE FORMA DISTINTA. LIBRA NECESITA ANALIZAR DETENIDAMENTE LAS CONVERSACIONES Y LAS PERSONALIDADES, MIENTRAS QUE ARIES PREFIERE QUEDARSE EN LA SUPERFICIE Y, POSTERIORMENTE, SEGUIR ADELANTE HACIA NUEVAS CONQUISTAS Y EXPERIENCIAS.

CONSEJO PARA HACER QUE FUNCIONE

SI ARIES SE VUELVE MENOS IMPACIENTE, DESCUBRIRÁ ELEMENTOS EN LA PERSONALIDAD DE LIBRA QUE LE FASCINARÁN Y LIBRA LLEGARÁ A VER LAS RESPUESTAS IMPULSIVAS DE ARIES COMO ALGO SIN IMPORTANCIA, EN LUGAR DE SENTIRSE AMENAZADO POR ELLAS.

 ## LIBRA Y TAURO

LA COMPATIBILIDAD ENTRE LIBRA Y TAURO ES BAJA Y RECOMIENDO MUCHO ESFUERZO Y COMPRENSIÓN POR PARTE DE LOS DOS PARA HACER FUNCIONAR ESTA RELACIÓN. LO BUENO ES QUE A LIBRA Y A TAURO LES GUSTAN LOS RETOS (Y HACER PERDURAR ESTA RELACIÓN SUPONE, SIN DUDA, UN RETO MUY INTERESANTE).

LOS DOS ESTÁIS REGIDOS POR VENUS, POR LO QUE LA ATRACCIÓN ES INMEDIATA.

AMBOS QUERÉIS UNA VIDA LLENA DE PAZ Y ARMONÍA Y VUESTRA RELACIÓN SE CARACTERIZARÁ, POR TANTO, POR SU AMABILIDAD, TERNURA Y COMPASIÓN.

PODRÍAN SURGIR DIFICULTADES DEBIDO A LA NATURALEZA EXTROVERTIDA Y SOCIABLE DE LIBRA QUE ES TOTALMENTE OPUESTA A LA DE TAURO, A QUIEN LE GUSTA PASAR TIEMPO EN CASA RODEADO DE SUS SERES QUERIDOS.

 CONSEJO PARA HACER QUE FUNCIONE

SI LOS DOS OS MOSTRÁIS SENSIBLES CON EL OTRO Y COOPERÁIS, PODRÍA SER UNA RELACIÓN FELIZ: UN BUEN EQUILIBRIO DE ACTIVIDAD SOCIAL Y FELICIDAD DOMÉSTICA.

LIBRA Y GÉMINIS

EXCELENTE COMPATIBILIDAD, HAY MUCHAS PROBABILIDADES DE QUE SEÁIS MUY FELICES DURANTE MUCHO TIEMPO.

SE TRATA DE UNA COMBINACIÓN TAN AFORTUNADA, QUE SE PODRÍA DECIR QUE EXISTE UN TOQUE DE MAGIA ENTRE AMBOS SIGNOS. EN OCASIONES OS ENTIENDÉIS TAN BIEN, QUE NI SIQUIERA NECESITÁIS PALABRAS.

A LOS DOS OS GUSTAN LAS GRANDES REUNIONES SOCIALES, CONVERSAR CON OTROS Y FORMAR PARTE DE LA MULTITUD.

LOS LIBRA SON EXTREMADAMENTE CONSIDERADOS CON SUS SERES QUERIDOS Y NO LES PREOCUPA COMPROMETERSE UN POCO, ESPECIALMENTE EN UNA RELACIÓN DE AMOR.

NUNCA OS ABURRIRÉIS, YA QUE AMBOS SOIS MUY INTELECTUALES Y DESARROLLÁIS CONVERSACIONES INTELIGENTES.

CONSEJO PARA HACER QUE FUNCIONE (¡AÚN MEJOR!)

A LOS DOS OS RESULTA DIFÍCIL TOMAR DECISIONES CON RAPIDEZ Y DECISIÓN, POR LO QUE EVITAD SER INDECISOS Y APRENDER A SER MÁS VALIENTES A LA HORA DE TOMAR DECISIONES IMPORTANTES COMO CASAROS, MUDAROS A OTRO LUGAR O CREAR UNA FAMILIA.

LIBRA Y CÁNCER

LA COMPATIBILIDAD A LARGO PLAZO ES BASTANTE BAJA Y SOLAMENTE SOBREVIVIRÁ LA PAREJA SI HAY UNA BASE DE AMOR Y PASIÓN MUY FUERTE.

LOS DOS BUSCÁIS LA PAZ Y LA ARMONÍA, POR LO QUE AL PRINCIPIO LA RELACIÓN PUEDE PARECER MUY SENCILLA PERO UNA VEZ ESTABLECIDA, CUANDO LA NECESIDAD DE UNA VIDA DOMÉSTICA TRANQUILA DE LOS CÁNCER SE ENCUENTRE CON LA NATURALEZA SOCIAL Y JUGUETONA DE LOS LIBRA, CHOCARÉIS. A CÁNCER PUEDE NO GUSTARLE EL DESEO DE LIBRA DE LLEVAR UNA VIDA SOCIAL ACTIVA Y VARIADA, MIENTRAS QUE LIBRA PUEDE LLEGAR A ENCONTRAR A CÁNCER RESTRICTIVO Y ABURRIDO.

CÁNCER DEBERÁ CONTROLAR SU MAL HUMOR, PORQUE LOS LIBRA TIENEN MENOS PACIENCIA QUE OTROS SIGNOS.

A AMBOS OS GUSTA DAR AMOR Y SER AMADOS, POR LO QUE AL MENOS OS SENTIRÉIS SATISFECHOS Y APRECIADOS SEXUALMENTE.

 CONSEJO PARA HACER QUE FUNCIONE

LA RELACIÓN SOBREVIVIRÁ Y FLORECERÁ SI AMBOS MIEMBROS DE LA PAREJA ENCONTRÁIS PROYECTOS COMUNES.

 LIBRA Y LEO

LIBRA VIVE PARA EL AMOR Y EL ESTILO. LEO ES INTRÉPI-
DO, BRILLANTE Y MUY ANIMADO. TENÉIS UN NIVEL DE
COMPATIBLIDAD MUY ALTO.
EL OPTIMISMO DE LEO HACE QUE HAYA MUCHA DIVERSIÓN
A SU ALREDEDOR. LIBRA APORTA ESTILO Y EMPUJE.
A LEO LE ENCANTA LA POSE ARTÍSTICA, ELEGANTE Y TRAN-
QUILA DE LIBRA, Y A LIBRA LE FASCINAN LAS GANAS DE
VIVIR Y EL SEGURO AIRE DE MANDO DE LEO. EL ENFOQUE
JUGUETÓN E IMAGINATIVO DE LIBRA ANTE EL AMOR COM-
BINA A LA PERFECCIÓN CON EL BRÍO Y LA ENERGÍA DE
LEO.
LOS DOS SOIS MUY ROMÁNTICOS Y LA ARMONÍA SEXUAL
SERÁ EXCELENTE.
LA RELACIÓN SERÁ MUY DINÁMICA Y PUEDE LLEVAROS A LU-
GARES QUE ANTES SÓLO HABÍAIS SOÑADO.

 CONSEJO PARA HACER QUE FUNCIONE (¡AÚN MEJOR!)

LEO TENDRÁ QUE ATENUAR LA ACTITUD POSESIVA PARA NO
ASUSTAR A LIBRA. Y LIBRA TENDRÁ QUE MOSTRARSE PA-
CIENTE CON ALGUNOS DE LOS RUGIDOS DEL LEÓN.

LIBRA Y VIRGO

LA COMPATIBILIDAD NO ES ALTA Y PARA QUE FUNCIONE LA RELACIÓN AMBOS TENDRÉIS QUE TRANSIGIR. NO OBSTANTE, CUANDO FUNCIONA PUEDE FORMARSE UNA PAREJA MUY EQUILIBRADA Y ESPECIAL.

VIRGO NO ES ESPECIALMENTE SOCIABLE Y PREFIERE PEQUEÑAS REUNIONES, MIENTRAS QUE LIBRA ES MUCHO MÁS EXTROVERTIDO. TENDRÉIS QUE TRANSIGIR ALGO PARA QUE VIRGO NO SE IRRITE Y LIBRA NO SE SIENTA CONTROLADO E IMPLEMENTAR REAJUSTES Y HABLAR MUCHO PARA LOGRAR UN EQUILIBRIO QUE OS SATISFAGA A AMBOS.

LA COMPATIBILIDAD SEXUAL ES MUY BUENA, AUNQUE LIBRA SUELE SER MÁS ATREVIDO. ES ACONSEJABLE QUE SE CONTROLE UN POCO AL PRINCIPIO DE LA RELACIÓN, YA QUE VIRGO NO PODRÁ CORRESPONDERLE HASTA QUE SE SIENTA TOTALMENTE SEGURO CON SU PAREJA.

CONSEJO PARA HACER QUE FUNCIONE

VIRGO DEBE INTENTAR SER MENOS EXIGENTE Y MÁS COMPRENSIVO Y LIBRA TRATAR DE ENCAJAR LAS CRÍTICAS DE SU PAREJA E INTENTAR PONER EN PRÁCTICA SUS SUGERENCIAS EN VEZ DE VIVIRLAS COMO UN ATAQUE.

CÓMO ENAMORAR A LOS OTROS SIGNOS

INDEPENDIENTEMENTE DE LA CLARIFICADORA INFORMACIÓN PREVIA, EL AMOR VIENE ASÍ DE ESTA MANERA, Y TE HAS ENAMORADO DE OTRO SER HUMANO (ESPERO), AQUÍ VAN LOS CONSEJOS INFALIBLES PARA QUE LIBRA ENAMORE A CADA UNO DE ELLOS:

ARIES: DEBERÉIS TRABAJAR SOBRE VUESTRAS DIFERENCIAS. LIBRA, TU INDECISIÓN IRRITA A ARIES, ASÍ QUE PROCURA SENTIRTE SEGURO Y RESUELTO ANTES DE EMPRENDER LA CONQUISTA. BRÍNDALE TERNURA, CONTACTO FÍSICO Y FIDELIDAD SI QUIERES ENAMORARLE. ARIES ES IDEALISTA Y ROMÁNTICO COMO TÚ.

TAURO: CONQUISTARÁS A TAURO A TRAVÉS DE LA BELLEZA Y LOS PLACERES SENSUALES, ALGO QUE AMBOS DISFRUTÁIS. EL TORO NECESITA COMPROMISO Y FIDELIDAD, HAZLE SABER QUE ESTÁS DISPUESTO A DÁRSELOS SI QUIERES QUE SU ENTREGA SEA TOTAL. UNA PRIMERA CITA IDEAL PUEDE SER UNA EXPOSICIÓN DE ARTE, UN CONCIERTO O UNA CENA ROMÁNTICA.

GÉMINIS: NO DUDES EN INVITARLE A UNA FIESTA O SALI-

DA CON AMIGOS PARA EMPEZAR A SEDUCIRLO. LUEGO, LE ATRAERÁS A TRAVÉS DE LA CONVERSACIÓN, YA QUE TENÉIS MUCHO EN COMÚN PARA EXPRESAR. SE SENTIRÁ IDENTIFICADO Y ENTRARÁ EN CONFIANZA RÁPIDAMENTE.

CÁNCER: PARA ENAMORAR A CÁNCER, TIENES QUE SEN- TIRTE EN PRIMER LUGAR, SEGURO, PORQUE ES UN SIGNO SENSIBLE QUE SUFRIRÁ CON TUS VACILACIONES. NECESITA CARIÑO Y PROYECTOS A FUTURO PARA ENAMORARSE . PRE- FIERE UNA VIDA HOGAREÑA Y TRANQUILA, LO QUE CHOCA CON TU AFÁN DE SOCIABILIZAR Y DIVERTIRTE. TENDRÁS QUE ESTAR DISPUESTO A LAS VELADAS ROMÁNTICAS EN CASA Y A SER UN POCO MÁS "EXCLUSIVO" PARA ÉL.

LEO: LO QUE TIENES QUE HACER PARA ENAMORARLE ES SIMPLEMENTE DEMOSTRÁRSELO. ÉL ES EL REY DEL ZODÍA- CO Y NECESITA QUE LO ADMIREN COMO TAL. HALÁGALO Y TEN PACIENCIA CUANDO QUIERA SER EL CENTRO DE ATENCIÓN. LO SEDUCIRÁS CON TU ELEGANCIA, GUSTO POR EL ARTE Y LA BELLEZA Y TU ACTITUD TRANQUILA.

VIRGO: TENDRÁS QUE APRENDER A SOPORTAR SUS PRETEN- SIONES SI QUIERES QUE SE ENAMORE DE TI. NO ES EXTRO- VERTIDO Y SOCIABLE COMO TÚ, Y PUEDE VER TU ACTIVA

VIDA SOCIAL COMO UNA AMENAZA. POR ESO, COMIENZA IN-
VITÁNDOLO A COMPARTIR UNA CITA DONDE PODÁIS ESTAR
SOLOS Y CONVERSAR ÍNTIMAMENTE. NO LO PRESIONES,
NECESITA REFLEXIONAR ANTES DE TOMAR DECISIONES.

LIBRA: INVÍTALE A COMPARTIR UNA SALIDA ROMÁNTICA,
DONDE PODÁIS DISFRUTAR DE UN BONITO PAISAJE O DE UN
EVENTO RELACIONADO CON EL ARTE. COMO AMBOS SOIS IN-
DECISOS, SABRÁ COMPRENDER Y SE SENTIRÁ IDENTIFICADO
CONTIGO. DALE APOYO, SEGURIDAD Y CONVERSACIONES PRO-
FUNDAS Y ABIERTAS.

LOVE

ESCORPIO: TUS CUALIDADES DEBEN ORIENTARSE A REEMPLA-
ZAR SUS FALTAS. ESCORPIO PONE A PRUEBA A SU PAREJA
ANTES DE ENTREGARSE, ASÍ QUE DEBERÁS TENER MUCHA
PACIENCIA Y COMPRENDER SU ACTITUD DISTANTE. NECESITA
PASIONES PROFUNDAS Y UNA CONEXIÓN SEXUAL FUERTE
PARA ENAMORARSE. TENDRÁS QUE TOLERAR SU FRANQUE-
ZA Y EVITAR HERIR SU ORGULLO.

SAGITARIO: SE SENTIRÁ ATRAÍDO POR TU ESTILO Y COMPRO-
MISO CON CAUSAS HUMANITARIAS. SEDÚCELO POR AHÍ. ES
AVENTURERO Y OPTIMISTA, POR LO QUE LE GUSTARÁ SEN-
TIRSE ÚTIL Y FORMAR EQUIPO CONTIGO. MUÉSTRATE DECIDI-

DO A SER COMPAÑERO DE AVENTURAS. AÑADE CREATIVI-
DAD E IDEAS A SU VIDA Y TE ADMIRARÁ POR ESO.

CAPRICORNIO: NECESITA FIDELIDAD, TRANQUILIDAD Y COM-
PROMISO, POR LO QUE TENDRÁS QUE ESTAR DECIDIDO A
ESTAR A SU LADO. SUELE SER PESIMISTA, LE VENDRÁ MUY
BIEN TU APOYO, CONTENCIÓN Y CREATIVIDAD. PROPOR-
CIÓNALE UNA BASE SÓLIDA PARA ALCANZAR SUS OBJETIVOS
Y SE QUEDARÁ A TU LADO.

LOVE

ACUARIO: LE ENAMORARÁS CUANDO ENTIENDA QUE RESPE-
TAS SU INDEPENDENCIA Y QUE AMBOS PODÉIS COMPARTIR
LA VIDA SOCIAL. PROCURA ENTABLAR CONVERSACIONES PRO-
FUNDAS E INTERESANTES. TENÉIS MUCHOS INTERESES EN
COMÚN: EL ARTE, LAS CAUSAS HUMANITARIAS Y EL CONO-
CIMIENTO EN GENERAL. UTILIZA TU DIPLOMACIA Y PODER
DE PERSUASIÓN PARA DESPERTAR SU LADO ROMÁNTICO.

PISCIS: LE ATRAERÁS CON TU REFINAMIENTO, YA QUE COM-
PARTÍS EL GUSTO POR LA BELLEZA Y VIVÍS EL AMOR DE
MANERA MUY ROMÁNTICA. PARA QUE ENTRE EN CONFIAN-
ZA, COMPARTE TUS PROBLEMAS CON ÉL O PÍDELE ALGÚN
CONSEJO. EL PEZ ES AMOROSO Y EMPÁTICO Y SE SENTIRÁ
ENCANTADO DE AYUDARTE.

Libra y el sexo

EN EL JUEGO DE LA SEDUCCIÓN Y DEL AMOR NECESITAS SENTIRTE DESEADO Y DISFRUTAR SINTIENDO QUE TE PERSIGUEN Y QUE ESTÁN LOCOS POR TUS HUESECITOS. TE MOLA MUCHO QUE EL OTRO DÉ EL PRIMER PASO.

TE ENCANTAN LAS NUEVAS EXPERIENCIAS CUANDO SE TRATA DE SEXO. CUALQUIER PERSONA QUE PUEDA AYUDARTE A CONVERTIRTE EN UN MEJOR AMANTE SERÁ ALGUIEN PRIORITARIO EN TU LISTA PERSONAL. TE FASCINA INNOVAR Y EXPERIMENTAR, POR LO QUE SI TE SORPRENDEN, TE GUSTARÁ DOBLEMENTE.

TIENES UNA PROFUNDA NECESIDAD DE COMPLACER. ERES CARIÑOSO, PERO MUY SEXUAL. ESTÁS MUY PREDISPUESTO A QUE TUS AMANTES PUEDAN OBTENER LA MAYOR SATISFACCIÓN DE TI.

TE GUSTAN TODO TIPO DE POSTURAS QUE IMPLIQUEN RECIPROCIDAD, PORQUE PREFIERES NO ESTAR PASIVO EN LA CAMA.

TU GRAN Y SECRETA FANTASÍA SERÍA HACER UN TRÍO. ERES AMANTE DE LA VARIEDAD Y LAS SORPRESAS, QUE TE SEDUZCAN EN LUGARES INSOSPECHADOS, HACERLO EN LOS LAVABOS DE UN RESTAURANTE, EN UNA PISCINA, EN UNA PLAYA LLENA DE GENTE, QUE TE ACARICIEN BAJO LA MESA CON OTROS COMENSALES PRESENTES. EL RIESGO Y EL JUEGO TE PONEN. MUCHO.

LOS SIGNOS MÁS COMPATIBLES CONTIGO SON ACUARIO Y GÉMINIS, QUE SON DE SIGNO DE AIRE COMO TÚ. CON ELLOS TE ENTIENDES A LAS MIL MARAVILLAS. LOS SIGNOS DE FUEGO COMO SAGITARIO Y LEO, TAMBIÉN TE SIGUEN EL ROLLO Y OS VOLVÉIS LOCOS BAJO LAS SÁBANAS (O DONDE SEA).

Libra y el trabajo

LIBRA ES UN PROFESIONAL MUY DETALLISTA
ERES MUY CREATIVO Y PUEDES SORPRENDER CON IDEAS
NUEVAS A CADA MOMENTO, SIEMPRE ESTÁS PENSANDO Y
PLANEANDO LO QUE VENDRÁ. NUNCA TE QUEDARÁS
ATRÁS EN TU ÁMBITO LABORAL.

SIEMPRE BUSCARÁS LA ACEPTACIÓN DE LOS DEMÁS, POR
LA NECESIDAD DE QUE TU TRABAJO SEA RECONOCIDO Y
QUE SIRVA PARA ALGO, YA QUE NO SOPORTAS HACER LAS
COSAS SIN UN VERDADERO PROPÓSITO.

AMAS ESTAR EN LUGARES LLENOS DE ARMONÍA Y TU
LUGAR DE TRABAJO NO PUEDE SER DIFERENTE, YA QUE
SIEMPRE TIENES LA NECESIDAD DE QUE NO PRESENTE
PROBLEMAS, COMO DISCUSIONES CON TERCEROS O MALOS
MODOS, NO LO SOPORTAS Y NUNCA LO HARÁS.

LAS PROFESIONES IDEALES PARA LIBRA SIEMPRE SERÁN

LAS QUE ESTÁN LIGADAS AL ARTE, YA SEA EN LA MÚSICA, DESDE SU COMPOSICIÓN HASTA SU EJECUCIÓN O LA PINTURA, EN LOS MISMOS TÉRMINOS. SE OS DA MUY BIEN EL CREAR NUEVOS MUNDOS O TOMAR IDEAS Y LUEGO PLASMARLAS EN ALGO COMPLETAMENTE DIFERENTE PERO CON GRAN SIGNIFICADO, POR LO QUE NO ES EXTRAÑO VEROS SIENDO DIRECTORES O CREADORES DE EXCELENCIA.

SE TE DA BIEN POR EJEMPLO SER AGENTE O PRODUCTOR, YA QUE NO TE PARECE MAL SER ASISTENTE DE OTRAS PERSONAS SI ESTO LLEVA A ALGO MEJOR MÁS ADELANTE.

ERES BASTANTE AFABLE, POR LO QUE UN TRABAJO DONDE DEBAS DARLE SOLUCIÓN A PROBLEMAS DE OTRAS PERSONAS PUEDE TAMBIÉN SER UNA BUENA PLAZA PARA TI. SER JUEZ, ABOGADO E INCLUSO REALIZAR TERAPIAS DE PAREJA TAMBIÉN SE TE DARÁ MUY BIEN. NO SERÁ EXTRAÑO VERTE LIGADO A ESTE MUNDO.

TIENES UNA CONCIENCIA SOCIAL MUY FUERTE, POR LO QUE TRABAJADOR SOCIAL O SERVIDOR PÚBLICO DE CUALQUIER CAMPO TAMBIÉN SERÁ ALGO IDEAL PARA TI.

ARREBATOS DE ENERGÍA Y CREATIVIDAD INTERCALADOS CON EPISODIOS DE APATÍA Y CANSANCIO SON NORMALES EN TI, PRINCIPALMENTE SI EL TRABAJO QUE REALIZAS ES REPETITIVO Y RUTINARIO. NECESITAS RETOS INTELEC- TUALES Y LABORALES CONSTANTEMENTE Y, SOBRETODO, SENTIRTE APRECIADO Y RECONOCIDO.

COMO COMPAÑERO DE TRABAJO ERES DIVERTIDO, SOCIA- BLE Y EXTROVERTIDO, A PESAR DE QUE POR MOMENTOS PAREZCAS AUSENTE Y DESORDENADO, PERO SIEMPRE BAJO CONTROL.

QUERIDO LIBRA, EN REALIDAD PUEDES TENER ÉXITO EN CUALQUIER COSA QUE TE PROPONGAS. ESO SÍ, SIEMPRE QUE GOCES DE ARMONÍA EN EL TRABAJO Y UN SALARIO JUSTO. SI NO, ES FÁCIL QUE RECURRAS A TU SINDICATO.

VIRTUDES.— ESTRATEGA, DIPLOMÁTICO, SOCIABLE, EQUILI- BRADO.
DEFECTOS.— INDECISO, INCONSTANTE, DISCUTIDOR, DERRO- CHADOR.

LA VIDA ES DEMASIADO CORTA PARA TENER EL TRABAJO EQUIVOCADO
SOY EL ASTEROIDE SABIO Y TENGO UN MENSAJE PARA TI

Libra y la amistad

ERES MUY SOCIABLE Y TE ENCANTA ESTAR RODEADO DE AMIGOS. TENERTE COMO COLEGA PUEDE FUNCIONAR A LA PERFECCIÓN PARA CONOCER A GENTE NUEVA YA QUE ERES MUY EXTROVERTIDO Y TIENES MUCHO DON DE GENTES. ASÍ QUE PUEDES TENER MOSCONES CERCA.

TUS CONOCIDOS Y AMIGOS PUEDEN CREER A VECES QUE NO TE INVOLUCRAS LO SUFICIENTE EN LA AMISTAD. ESTO ES PORQUE ERES MUY ABIERTO Y EXTROVERTIDO PERO NO TE ABRES ANTE CUALQUIERA. PARA HABLAR DE TEMAS MÁS PROFUNDOS E ÍNTIMOS HAY QUE GANARSE MUCHO TU CONFIANZA. POR ESTE MOTIVO, A PRIMERA VISTA PUEDES PARECER ALGUIEN SUPERFICIAL PERO ES QUE HASTA QUE NO SIENTAS LA SUFICIENTE CONFIANZA, NO GENERARÁS UNA RELACIÓN PROFUNDA Y AUTÉNTICA. PERO ESO SÍ, CUANDO TIENES UNA RELACIÓN DE VERDAD, ERES UN AMIGO MUY FIEL

CUANDO TE ENFADAS CON UN AMIGO MOSTRARÁS MAL GENIO PERO NO SERÁ UN ENFADO BRUTAL LLENO DE GRITOS Y MALAS PALABRAS, NO: SERÁ UN ENFADO TRANQUILO Y SERENO, CARACTERÍSTICAS QUE TAN BIEN TE DEFINEN. TU CABREO DURA POCO TIEMPO Y CUANDO LA TRANQUILIDAD VUELVE, CONTINÚAS MOSTRÁNDOTE AGRADABLE Y AMIGABLE. ESO SÍ: SI TRAICIONAN TU CONFIANZA, QUE SE OLVIDEN DE TI, PUES DIFÍCILMENTE VOLVERÁS A CONFIAR EN ESA PERSONA.

NO PUEDES CON LA GENTE GROSERA O QUE MUESTRE MALA EDUCACIÓN.

DEBIDO A TUS CONCORDANCIAS DE PERSONALIDAD, ERES COMPATIBLE EN LA AMISTAD CON VARIOS SIGNOS CON LOS QUE COMPARTES GUSTOS, INTERESES Y MANERAS DE HACER.

LOS MEJORES SIGNOS PARA UNA BUENA AMISTAD SON: ACUARIO, PISCIS, CAPRICORNIO, SAGITARIO, LIBRA, CÁNCER Y GÉMINIS

La página mágica

Este libro es mágico, como tú, y viene con un regalo: la página mágica.

Auspiciado por tus protectores, podrás formular un deseo y al escribirlo, el deseo se cumplirá en el momento preciso.

Concéntrate, respira hondo e invoca a Venus y a tu sándalo de la suerte.

El deseo se cumplirá

MI DESEO ES:

Consejos de vida para Libra

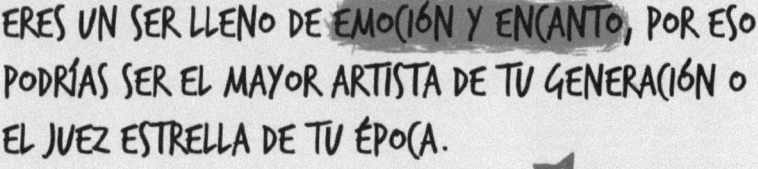

ERES UN SER LLENO DE EMOCIÓN Y ENCANTO, POR ESO PODRÍAS SER EL MAYOR ARTISTA DE TU GENERACIÓN O EL JUEZ ESTRELLA DE TU ÉPOCA.

TUS SENTIMIENTOS SON HERMOSOS Y POTENTES, TE GUSTA LA VIDA Y DISFRUTARLA. APROVECHA ESA SENSIBILIDAD DE LA QUE ESTÁS DOTADO PARA EXPRIMIR LA VIDA AL MÁXIMO Y SACAR EL JUGO DE TU PERSONA TODO LO QUE PUEDAS, TANTO PERSONAL, COMO ARTÍSTICAMENTE.

OLVÍDATE DE LO QUE OPINEN LOS DEMÁS Y FÍATE MÁS DE TU INSTINTO Y TUS CORAZONADAS, LOS DEMÁS NO ESTÁN TOCADOS POR ESA ESTRELLA Y NO PUEDEN VER NI SENTIR LO QUE TÚ PERCIBES, POR ELLO, SI TE QUEDAS ESPERANDO LA APROBACIÓN DE OTROS, DEJARÁS PASAR INCREÍBLES OPORTUNIDADES. CREE MÁS EN TI.

LA JUSTICIA ES UN VALOR ESCURRIDIZO Y ASPIRAR A ELLA CONSTANTEMENTE PUEDE PROVOCARTE MUCHA AMARGURA. APRENDE A ACEPTAR A LA VIDA Y AL PRÓJIMO COMO SON, IMPERFECTOS, COMO TÚ, COMO TODOS.

RELÁJATE Y DÉJATE LLEVAR. DA MÁS PESO A TU LADO DISFRUTÓN Y MENOS A TU BALANZA.
LA MAYORÍA DE LAS VECES LAS COSAS SE COLOCAN DONDE DEBEN A SU DEBIDO TIEMPO. SI ACTÚAS CON TU BELLO CORAZÓN, NADA SALDRÁ MAL.

EN EL AMOR NO JUZGUES MUY SEVERAMENTE LOS FALLOS DE LOS OTROS, A VECES NOS QUEDAMOS FLIPADOS POR TU LUZ Y NO SABEMOS CÓMO LLAMAR TU ATENCIÓN Y PODEMOS SER TORPES, PERO TE QUEREMOS, NO LO OLVIDES Y SÓLO ASPIRAMOS A QUE NOS DEJES FORMAR PARTE DE TI Y DE TU INCREÍBLE VISIÓN DE LA VIDA.

LEVANTA LA CABEZA, TEN AMPLITUD DE MIRAS Y TENDRÁS POSIBLEMENTE LA VIDA MÁS PLENA DE TODO EL ZODÍACO.

¡A GOZAR!